AF199794

Die Reise nach Holland Freundschafts- Geschichten

Mit Impuls-Fragen

Claudia J. Schulze / Anke Hartmann

Jedes Sprichwort, jedes Buch, jedes kleine Wörtchen, das die zu Hilfe und Trost bestimmt ist, wird auf geraden oder verschlungenen Wegen zu dir gelangen.

(R.W. Emerson)

Herstellung und Verlag
BOD Books on Demand, Norderstedt
ISBN: 9783744838092
© Claudia J. Schulze / Anke Hartmann, 2018

Vorwort

In den Geschichten um Lukas, Kai, Mia und Anton werden Techniken angewandt, die sich beispielsweise im therapeutischen Ansatz von Viktor Emil Frankl finden, so beispielsweise die Selbsttranszendenz und die Suche nach einem übergeordneten Sinn. Zugleich kommen auch Ansätze aus anderen Therapieformen zum Einsatz, so z.B. kognitive Ansätze der Angstreduktion, konzentrative Verfahren und dann wiederum Ansätze, welche sich vorwiegend auf die Verhaltenstherapie und auf humanistische therapeutische Verfahren beziehen, welche unter anderem in der von Frankl entwickelten, hochwirksamen Logotherapie vorkommen. (Stichwort Selbsttranszendenz). Die nun hier nachfolgenden Geschichten können dabei unabhängig von den anderen „Lukas-Büchern" gelesen werden (siehe hinten), wobei diese Bücher selbstverständlich eine gute Ergänzung bieten können. Die nachfolgenden Geschichten werden abgerundet durch Impulsfragen, so dass ein kommunikativer Austausch stattfinden kann. Zudem empfiehlt es sich, gezielt mit

Entspannungsverfahren zu arbeiten, insbesondere wenn belastende Themen auftauchen. Ein Beispiel ist die seelische Erkrankung von Kais Mutter. Hier sollte ressourcen- und entspannungsorientiert vorgegangen werden. In den Texten selbst finden sich hierauf bereits Hinweise; selbstverständlich ist dies ausbaubar. Maßnahmen, welche therapeutisch bei der Behandlung Posttraumatischer Belastungsstörungen eingesetzt werden, können hier ebenfalls kombiniert werden. Dies, wie auch der konkrete Einsatz und das Ausmaß des Einsatzes, ist der Vorbildung und der Erfahrung des Behandlers / der Behandlerin überlassen. Besonders empfehle ich das „Handbuch Entspannungsverfahrenn von Vaitl / Petermann), Beltz Verlag, Psychologie Verlags Union.

Die hier aufgeführten Geschichten sind Auszüge und Weiterführungen aus den hinten angegebenen Büchern. In allen werden Inhalte aus dem ICD-10 in literarischer Form behandelt. Als Einstieg könnte sich das Buch „Ruby Blue" eignen. Dieses ist eine in einigen Bereichen „entschärfte" Version des Buches „Nachtflüge".

Kai rennt weg

In den ersten Wochen und Monaten nachdem seine Mutter alle verlassen hatte, war Kai immer wieder von zuhause weggelaufen.

Der Schock saß tief, und die Tatsache, wie die anderen Menschen über seine Mutter sprachen, machte es nun wirklich nicht besser.

Der Arzt, zu dem er ein paar Mal gegangen war hatte versucht ihm zu erklären, was es mit der Krankheit seiner Mutter auf sich hatte.

„Depressionen". Dieses Wort verfolgte Kai nun bis in die Nächte.

Er konnte nicht sehr viel damit anfangen, und damit war er offenbar nicht allein. „Diese Frau sollte sich wirklich zusammenreißen", „Uns allen geht es mal schlecht!", „Diese Egoistin!" Das waren noch die freundlicheren Dinge, die Kai über seine Mutter hören musste.

Er hatte Briefe von ihr gefunden, Gedanken, die sie aufgeschrieben hatte.

Drei davon hatten sich ihm besonders eingeprägt.

Je mehr ich die Menschen kennenlerne desto mehr fürchte ich sie.

Es ist keine Schande dieses Leben nicht zu ertragen.

Man kann einem Menschen auf viele Arten das Leben nehmen.

So sehr er sich bemühte – so ganz konnte er das alles nicht verstehen. Oft wollte er einfach nur noch weg sein. Ganz weit weg.

So weit, dass er nicht mehr würde nachdenken müssen – nicht über die Sätze seiner Mutter, nicht über das Wort „Depressionen", und nicht über das, was die anderen Menschen über seine Mutter sagten. Er wollte nicht mehr darüber nachdenken wie er sie gefunden hatte- er wollte einfach nur noch da sein, da sein ohne nachzudenken. Das Weglaufen kam ihm da sehr entgegen.

Einmal wurde er in der Stadt von der Polizei gefunden und sofort wieder zu seinem Vater gebracht.

Ein anderes Mal hatte ihn ein Schaffner aus dem Zug holen lassen, weil er keine Fahrkarte bei sich hatte, dann schließlich war er für einen halben Tag auf einem Flussdampfer unterwegs, aber natürlich kam er auch hier nicht weit. Er machte jedes Mal ein Riesen-Theater, wenn er wieder nachhause gebracht wurde.

Andererseits war das auch nicht gerade schwer zu verstehen. Nach dem, was er dort erlebt hatte, war es ja immerhin ziemlich verständlich, dass er von dort ausreißen wollte. Irgendwann, Kai wusste eigentlich selbst nicht warum, ließ er es bleiben, einfach so. Vielleicht hing das mit seiner Katze zusammen oder mit Tiffy, dem Hamster. Möglicherweise hatte er aber auch einfach nur das Interesse daran verloren. Eine Zeit lang sah es so aus. Es sah sogar so aus, als habe er das Interesse an so ziemlich allem verloren. Allein schon wie er den Kopf hängen ließ sprach Bände.

Der Arzt, zu dem er noch immer ging sprach immer noch von „Depression", diesmal meinte er offenbar Kai selbst.

Ja, dieses Gefühl war kein Spaß. Ganz im Gegenteil. Alles, das schön war oder schön gewesen war verschwand als würde jemand mit einem riesigen Staubsauger alles in sich hineinsaugen. Kai hatte keine Energie und Kraft übrig, und er lachte beinahe ein ganzes Jahr überhaupt nicht mehr. Und das wollte was heißen. Kai, das sollte man nämlich wissen, lachte sonst überaus gerne. Aber plötzlich ging es beim besten Willen nicht mehr.

Es war, als hätte jemand in seinem Kopf einfach so einen Schalter umgelegt oder ihn mit Leere angefüllt die sich, obwohl es doch Leere war, so schwer anfühlte. Manchmal gelang es ihm kaum seine Beine anzuheben. Sie waren so schwer geworden. Alles war schwer geworden. Gelegentlich sogar das Atmen. Alles schien außerdem leer, grau und vollkommen be-deutungslos geworden zu sein. Ab und zu machte er etwas kaputt oder sorgte dafür, dass es jemand anderem auch schlecht ging, doch das half ihm auch nicht weiter.

Der Arzt machte sich Sorgen, Kais Vater natürlich auch. Er bekam Tabletten und alle hatten viele Ideen was er machen müsste um sich besser zu fühlen. Kai selbst jedoch fühlte gar nichts. In dieser Zeit war ihm alles gleichgültig.

Merkwürdig war, dass ausgerechnet Lukas, der Junge, den er in der Schule immer aufs Korn genommen hatte, dafür sorgte, dass es ihm wieder besser ging. Es war keine Zauberei im Spiel. Lukas wurde einfach nur sein Freund. Und er hörte ihm zu.

Nicht mehr und nicht weniger. Kai wusste mittlerweile, dass das, was ihm half, also die enge Freundschaft mit Lukas, nicht bei jedem geholfen hätte.

Und auch, dass er Glück mit dem richtigen Zeitpunkt gehabt hatte. Doch wusste er trotz allem, dass es kein Rezept gab, welches bei jedem genau gleich wirkte. Von Rezepten und Ratschlägen hatte er genug.

Was er persönlich jetzt brauchte war Lukas, und Lukas brauchte ihn.

Im Baumhaus erzählte er ihm die Geschichte von Verda, einem grünen Marsmädchen.

Die Geschichte hatte er von Mia – wie fast alles was gut war.

Verda, das kritzegrüne Marsmädchen

Verda, das kritzegrüne Marsmädchen, war ziemlich aufgeschlossen, offen und sehr beliebt. Obgleich niemand auf ihrem Planeten wirklich an die Existenz außerirdischen Lebens glaubte, machte Verda eine Ausnahme. Sie trug sogar Transparente mit sich umher, auf denen sie darauf hinwies, dass sie an die Existenz von Menschen glaubte. Das Marsmädchen konnte nämlich etwas, das nicht gerade alltäglich war. Sie konnte singen.

Zugegebenermaßen war es kein besonders schöner Gesang, vielmehr war es wohl am ehesten mit dem verzweifelten Gekrächze eines zutiefst erkälteten Erdmenschen zu vergleichen. Und trotzdem war da etwas Besonderes in ihrem Gesang. An manchen Tagen nämlich, ganz ohne Vorwarnung, leuchtete, ganz wunderbar, etwas anderes hinter diesem Geröchle hervor.

Man hatte Kunstwerke und Walgesang ins All geschickt, Musik von Mozart, Beethoven und Rossini, den beachtlichen Gipsabdruck eines besonders schön und entzückend rund geformten weiblichen Hinterteils hatte man praktischerweise gleich mit hinzugefügt, doch nichts davon hatte das Interesse der Marsbewohner, die von Natur aus nicht gerade sehr emotional waren, auf sich ziehen können. Nur Verda war von der Musik begeistert, obgleich sie sie zugleich auch traurig machte, da sie GEFÜHLE in ihr hervorrief. Etwas, das in ihrer Umgebung so gut wie unbekannt war. Man verstand daher auch nicht wie sich Verda nun aufführte. Sie sang immer weiter, und ihr größter Wunsch war es einmal wenigstens anderen Menschen zu begegnen. Ab und an gelang es ihr mittlerweile einen Ton zu treffen. Einen Ton, der ihr selbst so etwas wie Tränen der Begeisterung in die Augen trieb. Doch dann wurden aus diesen Tränen des Glücks Tränen der Traurigkeit, und Verda zog sich immer mehr zurück. Schließlich gar stellte sie das Singen ein. Verda wurde still.

An manchen Tagen sprach sie noch nicht einmal mehr. Das Singen vermisste sie – und gleichzeitig auch wieder nicht. Sie konnte sich nicht entscheiden. Doch der Weltraum, der anderen Gesetzen folgt als wir das hier auf Erden kennen, vergaß Verdas Gesang nicht. Er hallte noch lange nach. Man hatte in der gesamten Wissenschaft bis zu diesem Zeitpunkt angenommen, dass es im Weltraum keine Geräusche gäbe – doch da hatte auch noch niemand mit Verda gerechnet.

Ganze Jahrzehnte lang hallte ihr Gesang nach – bis er eines Tages als Signal von den Erdbewohnern aufgefangen wurde. Ein auffälliges Rauschen zunächst nur, doch dann hörte man Verda klar und deutlich.

Man stellte die bisherigen Erkenntnisse über das Weltall um. Insbesondere Prof. von Wiesenberg beschrieb ihren Gesang als das „Paradoxon des universellen Klangs – ein Paradigmenwechsel" und erhielt dafür einen Preis. In seiner Rede bei der Preisverleihung nannte er Verda „ Objekt X".

In der Wissenschaft werden selten Namen verwendet, das wäre vermutlich zu emotional.

Gerne hätte man sie entdeckt, und noch viel lieber hätte Verda die Menschen gefunden, von denen sie sich so viel versprach. Auf ihrem eigenen Planeten war sie nun gänzlich zur Fremden geworden, und in den unendlichen Weiten des Weltraums gelang es den Erdmenschen nicht Verda zu finden. Eine Wand war nun zwischen sie und ihre nächsten Angehörigen getreten, und das blieb so bis zu ihrem Tod – viele Dekaden später. Doch noch immer ist es zu hören, auch auf der Erde und für immer im Weltraum bewahrt: Ihr Gesang. Namhafte Wissenschaftler, angeführt von der Ur-Ur-Ur Enkelin von Wiesenbergs, Frau Prof. Eleonore von Wiesenberg, begannen noch ein anderes seltsames Phänomen nach Verda zu benennen: Die angenommene Kausalität der reziproken, klangbasierten Prozesse nach Objekt X, denn immer dann, wenn Verda einen Ton richtig traf, schienen die Sterne ein klein wenig enthusiastischer zu funkeln als sonst.

Diese Geschichte gefiel Kai ausgesprochen gut.

Im Nachhinein ist es schwer so etwas zu sagen, doch könnte es sein, dass es die Geschichte vom Marsmädchen Verda war, welche die Freundschaft von Lukas und Kai letztendlich besiegelte. Es war eine Freundschaft, die ein ganzes Leben lang halten sollte. Etwas, das heutzutage immerhin recht selten geworden ist. Und das wollte also auf jeden Fall etwas heißen. In jedem Fall jedoch hatte die Geschichte dazu geführt, dass Kai nun fest entschlossen war, Lukas auf seine Reise nach Holland mitzunehmen. Alleine zu fahren wäre zwar auch eine Option - doch wer fährt schon alleine, wenn er stattdessen einen Freund wie Lukas an seiner Seite haben konnte? So was es beschlossen. Er und Lukas würden gemeinsam nach Holland fahren. Als geheime, blinde Passagiere in einem Lastwagen. Zu Kais Mutter.

Die schuldete ihm nämlich, das fand Kai ganz unbedingt, noch einige wichtige Antworten auf all seine Fragen. Zumindest das! Lukas fand das ebenfalls.

Gibt es Parallelen zwischen Verda und Kai?
Was meinst du?

☺

Aus: „Die Reise nach Holland"

Kai kam Lukas an der Weggabelung auf dem Weg zur Schule entgegen. „Bin ich froh, dass es nur noch zwei Tage bis zu den Ferien sind!", stöhnte er. Doch dann änderte sich sein ganzer Gesichtsausdruck und ein sehr breites Grinsen überzog bald nicht nur ihn: „Hey, ich weiß, wie wir ohne Geld nach Holland kommen!"

„Lass hören! „ Lukas war total gespannt, was ja klar ist, wenn man bedenkt wie toll das ist mit Holland am Meer.

Auf dem Rad folgte er ihm an der Schule vorbei in die Stadt. Sie fuhren durch die Stadt hindurch, zumindest zu einem großen Teil, denn zum Schluss wusste Kai eine Abkürzung, die sie bis hin zum Industriegebiet brachte.

Lukas wusste noch immer nicht was Kai vorhatte, doch dann hielten sie vor einer Spedition. Kai grinste und zeigte auf einen der Lastwagen: „Die hier gehen alle nach Holland und zurück." Er wartete kurz, wie um, einem

Zauberer gleich, eine besondere Überraschung zu präsentieren; dann legte er auch gleich los: „Und das Beste - nicht nur irgendwohin nach Holland, sondern direkt ans Meer, da wo meine Mutter wohnt!"

Er sah absolut begeistert und restlos zufrieden aus. „Woher weißt du das alles?" Lukas konnte gar nicht so recht daran glauben, dass das tatsächlich wirklich stimmen sollte, doch Kai im tiefen Brustton der Überzeugung hätte mit Sicherheit seine Hand dafür ins Feuer gelegt. „Recherchen!" gab er nur ganz knapp zurück. „Knallharte Recherchen, bombensichere Angelegenheit!" Kai war wie ausgewechselt.

Noch vor ein paar Tagen hatte man ihn überwiegend deprimiert gesehen – doch jetzt, wo der Besuch hin zu seiner Mutter in eine greifbare Nähe rückte, sprühte er nur so vor Energie und vor Ideen. „Pass auf!", erklärte er Lukas. „Ich hab rausgefunden wann die Laster beladen werden." Nach der letzten Stiege geht der Fahrer, der gleichzeitig auch der Be-und Entlader ist, immer noch eine rauchen."

Er zeigte zu den Containern, und Lukas drehte den Kopf in diese Richtung. „Hinter den Containern da, das heißt, er kann von da aus nicht direkt zum allerhintersten Ende des Lastwagens sehen. Die Tür macht er dann erst nach seiner letzten Zigarette zu. Uns bleibt *waaaaaaaaaaas*?"

Er dehnte das „*Was*" zu einer Frage aus, die Lukas nun wohl beantworten sollte.

Sein Gesicht hatte nun einen aufgeregten, ganz und gar verschwörerischen Ausdruck angenommen. „Weißt du was das bedeutet?" Selbstzufrieden beobachtete er Lukas, dem noch nicht ganz klar war worauf Kai denn eigentlich hinauswollte.

„Ist doch wohl logisch!" Er legte seinen Kopf mit einem Ruck zur Seite in die Richtung der Ladefläche des Lastwagens hin: „Uns bleibt genug Zeit um ungesehen zuzusteigen bevor es losgeht, Mann: wir klettern natürlich rein!" „Spinnst du?" Lukas war ganz und gar nicht begeistert von Kais Plänen. „Ach komm Mann, das ist echt absolut sicher!" entgegnete dieser.

„In Holland steigen wir ganz locker wieder aus, und dann fahren wir ein paar Tage später wieder mit dem gleichen Typen zurück; der fährt ständig hin − und her. Nur auf dem Rückweg dann mit Tomaten statt mit Äpfeln an Bord. Ist doch kein Thema, oder!" „Woher weißt du das denn so genau?" Lukas konnte wirklich nicht sagen, was er von all dem hier halten sollte. „Hab ich dir doch schon erzählt!" „Echt, Mann!!!" So langsam ging Kai wohl die Geduld aus, denn er klang schon etwas genervt. „Knallharte Recherche". Auch beim zweiten Mal klang es noch immer echt cool wie er das sagte. Trotzdem. Lukas war noch immer nicht so richtig überzeugt. „Aber in der kurzen Zeit jetzt − wie konntest du so schnell an all diese Infos kommen?" Kai sackte nun wieder ein wenig kläglich in sich zusammen. „Wieso schnell?". Er machte eine kleine Pause, dann sagte er leise: „Ich suche eigentlich schon ziemlich lange danach." Lukas fühlte sich mit einem Mal ganz blöd deswegen. Das hätte er sich ja denken können, dass Kai nicht erst seit ein paar Tagen überlegte wie er zu seiner

Mutter kommen könnte. Von seinem Vater durfte er da ja keine Hilfe erwarten. Der war schließlich überhaupt nicht gut auf seine ehemalige Frau zu sprechen. Deshalb hatte Kai eben nach einem Weg gesucht das Ganze irgendwie heimlich durchzuziehen. Sicherlich, die beste Idee war es nicht gerade; aber um ehrlich zu sein fiel ihm selbst auch kein besserer Plan ein. „Abgemacht!" sagte er also zu Kai. „Wir ziehen die Aktion durch und besuchen deine Mutter in Holland!" Kai sagte nichts, doch Lukas sah ihm die Erleichterung an. Allein wäre er wahrscheinlich nicht so gerne in den Lastwagen gestiegen – doch zu zweit sieht dann selbst so eine Sache zumindest ein klein wenig besser aus.

Das Einzige, was Lukas an der ganzen Angelegenheit so überhaupt nicht mochte, war die Sache mit Oma. Sie anzuschwindeln war gar nicht nach seinem Geschmack.

„Was sie nicht weiß, macht sie nicht heiß", versuchte Kai sein Glück um Lukas´ schlechtes Gewissen abzumildern.

Aber damit hatte er keinen Erfolg.

Lukas tat sich schwer damit, und nur die Vorstellung, dass es für Kai so enorm wichtig war seine Mutter einmal wieder zu sehen, bekräftigte ihn in dem Vorhaben auf diese Reise mit Kai zu gehen. „Der Trick beim Vertuschen ist, dass man jedem etwas Anderes erzählt", schärfte Kai Lukas ein. Dabei klopfte er sich vielsagend mit der Hand an die Stirn. Kai hatte das Ganze offenbar schon ganz genau durchdacht.

„Deiner Oma erzählen wir, dass wir zusammen mit meinem Cousin und seinen Freunden ein paar Tage bei der alten Ruine zelten.

Dann fragen wir sie auch, ob sie auf Räuber und meine anderen Tiere aufpassen kann, was gut ist, weil dann Räuber auch auf sie aufpassen kann." Das mit Räuber, dem Schäferhund, fand Lukas ja ganz nett, aber geheuer war ihm das Ganze dennoch nicht. Kai gab nicht auf. Im Gegenteil. Er fing gerade erst damit an. Das konnte anstrengend werden…

„Das echt total Gute dabei ist", Kai machte eine kurze Pause um die Spannung damit zu steigern, „mein Cousin Dan und seine Freunde zelten wirklich bei der alten Ruine."

„Warum ist das gut?" wollte Lukas wissen.

Den Zusammenhang fand er nicht unbedingt logisch. „Na ist doch klar! Vielleicht kommt sie mal vorbei um nach uns zu sehen, und dann warnt mich mein Cousin per SMS. Zu ihr sagt er, dass wir gerade Holz holen gegangen sind oder so. Du rufst deine Oma schnell vom Handy aus zurück, und schon macht sie sich keine Sorgen. Genial, oder? Sag doch auch mal was!" Lukas nickte. Er musste schon zugeben, dass Kai wirklich alles berücksichtigt hatte. „Und dein Cousin, macht der da auch wirklich mit?" wollte er sich noch einmal versichern. „Klar! Der ist total in Ordnung!" Bei Kai gab es nicht den geringsten Zweifel darüber, dass wirklich alles klappen würde. Diese Zuversicht übertrug sich so langsam auch auf Lukas. Sie wuchs über die Tage, und nachdem Oma angekommen war, hatte sich sein Ziel in ihm gefestigt.

Vielleicht stellt Oma auch deswegen keine Fragen, weil er nun selbst so überzeugt von der Reise war, dass es ihm gelang die Sache mit den Zelten so herüberzubringen als wäre es vollkommen selbstverständlich und normal.

Ganz ohne schlechtes Gewissen ging das jedoch nicht ab. Wie viel lieber wäre es ihm gewesen, wenn er Oma nicht so hinters Licht hätte führen müssen. Aber in den Plan konnte er sie eben unmöglich einweihen. Lukas nahm sich vor ihr alles zu beichten, wenn er und Kai wieder zurück waren von der Reise. Sicher würde sie alles verstehen, aber jetzt, fand Lukas, wäre es besser nichts zu sagen um die Reise nicht zu gefährden. Während Mom ihren Koffer packte und Oma nichts ahnend die Katze fütterte, grübelte Lukas im Kreis herum. Doch es gab keine andere Lösung; er konnte Oma nichts sagen. Am letzten Schultag kam er zwei Stunden früher nachhause als sonst. Kai war mit dabei um Räuber, seinen Hamster und die alte Katze zur Pflege abzuliefern; dann verabschiedete er sich. „Ich sehe dich dann nachher beim Zelten, Mann!", rief er Lukas noch ganz besonders laut über die Veranda zu. Vermutlich hielt er das für besonders schlau. Jetzt waren nur noch er, Oma und ein Haufen Tiere im Haus und um das Haus herum.

Oma half ihm dabei den Rucksack für das angebliche Zelten zu packen, von dem sie selbst erst erfahren hatte. Sie packte so viel zusammen, dass man den Rucksack hinterher kaum noch hochbekam, so schwer war er. Das war typisch für Oma. Wahrscheinlich wollte sie damit einem Verhungern bei ihm vorbeugen.

Unfassbar, welche Unmengen von Essen, Getränken, Pflastern und warmen Socken sie in dem Rucksack untergebracht hatte. Jetzt, wo alles in greifbare Nähe rückte, merkte Lukas wie er immer aufgeregter wurde. „Wo ist denn überhaupt dein Zelt?", wollte Oma wissen. „Das hat Kai", behauptete Lukas. Und dann schaffte es Oma tatsächlich noch, eine weitere Jacke in dem ohnehin schon hoffnungslos zerbeulten, schweren und total überfüllten Rucksack zu verstauen. Wer wusste schon, ob sein Rad dieses ganze Gewicht überhaupt würde tragen können. Schließlich fuhr er los, doch nicht ohne sich von Katze, von Stachel und von Kieran zu verabschieden. Oma stand auf der Veranda. Als er wegradelte, drehte er sich nicht mehr nach ihr um. Sein Gewissen war einfach zu schlecht. Und der Rucksack hätte ihn mit Sicherheit bei der kleinsten Drehung zu Fall gebracht.

Er winkte also nur mit dem Arm leicht und krumm nach hinten, in ihre Richtung. Als sie das abgelegene Lastwagen-Areal dann schließlich erreichten, war Lukas außer Atem – noch mehr vor Aufregung als von der Anstrengung selbst.

Kai hingegen wirkte so ruhig wie schon lange nicht mehr. Sogar sein Haar, das immer ein wenig struppig aussah, wirkte plötzlich ruhig und zahm. Das war neu. Der Lastwagen, der sie nach Holland bringen sollte, wurde bereits zum Beladen fertig gemacht. Der Fahrer war gleichzeitig auch für die Fracht zuständig, so dass er sich ständig von der Lagerhalle bis zum Lastwagen hin- und her bewegte, einmal zu Fuß, dann wieder mit dem Gabelstapler.

Er schien keine besonders gute Laune zu haben, was vielleicht auch damit zusammenhing, dass es auch noch angefangen hatte zu regnen. Das hier war kein normaler Regen, eher so ein Nieseln, das sich wie ein feuchter Nebel von allen Seiten tückisch ausbreitete, und es einem unmöglich machte nicht nass zu werden. „Wird Zeit, dass wir einchecken!" flüsterte Kai.

„Ein Handtuch hab ich nämlich nicht dabei..." Lukas nickte nur und blieb mit den Augen dicht an dem Fahrer dran, um den Moment nicht zu verpassen in dem er sich draußen, seitlich vor dem Lager, die letzte Zigarettenpause vor der Fahrt gönnte.

Der Wagen sah jetzt schon recht vollgepackt aus, wobei für ihn und Kai noch ein kleiner Platz zu finden sein müsste. Kai jedenfalls hatte fest behauptet, dass er das im Verlauf seiner Recherchen eindeutig überprüft hätte. Wie, war Lukas zwar nicht klar, aber er war sich trotzdem sicher, dass Kai ihn in einer so wichtigen Sache nicht belügen würde. Da hatte er seine Ehre.

Auch Kai hatte seine Augen an den Fahrer geheftet; dabei sah er aus wie eine Art Kobold-Maki, weil er es eindeutig übertrieb.

Lukas musste grinsen. „Jetzt!" zischte Kai und schnappte sich seinen Rucksack. Lukas, der ihn sich zur Sicherheit schon vorher aufgesetzt hatte, brauchte nur noch mitzulaufen, wobei „nur" eigentlich nicht das richtige Wort war.

Seine Beine wollten plötzlich nicht mehr so wie er selbst. Sie fühlten sich an, als wollten sie lieber im Schutz der Hecke bleiben, und es dauerte ein wenig bis Lukas sie davon überzeugen konnte sich ihm anzuschließen. Dann ging alles sehr schnell. Mit einem Satz sprangen sie hinten auf die Ladefläche, balancierten sich geschickt durch den schmalen Gang, der noch nicht zugepackt war, und kauerten sich ganz hinten, direkt schon an der Rückseite der Fahrerkabine, in eine Ecke, die mit Stahlträgern abgesichert war um die Fracht zu stabilisieren. „Hier kann uns nichts passieren", murmelte Kai und zeigte auf die ziemlich stabil wirkende Konstruktion aus ganz massivem, robustem

Stahl. Lukas musste immerhin zugeben, dass ihn das erleichterte.

Er hatte, um ehrlich zu sein, schon ein oder zwei Mal das Bild vor Augen gehabt, in dem der Fahrer plötzlich bremsen musste, und sie dann dabei zerquetscht worden wären wie Apfelmus – jämmerlich zermalmt von den vielen hundert Äpfeln in den Kisten. Er hatte diese Befürchtung auch Kai gegenüber geäußert gehabt. Immerhin sah er es als seine Aufgabe an wirklich sämtliche Faktoren vorab zu berücksichtigen und im Blick zu behalten. Kai allerdings hatte ihm wieder mal vorgeworfen viel zu verkrampft zu sein – denn er, Kai, habe das alles völlig im Griff. Auch Lukas´ sonstige Einwände, wie dem möglichen Tod durch klägliches Ersticken oder einer Invasion von Apfelkäfern, hatte Kai mit einer außerordentlich großzügigen und zudem lässigen Handbewegung vom imaginären Tisch gewischt. „Alles kein Thema!", behauptete er.

„Und wenn der Fahrer ein Verrückter ist, der erst einmal ordentlich austickt, wenn er uns sieht….was machen wir dann?"

Lukas wollte die Antwort kaum hören, doch selbst darauf wusste Kai etwas Beruhigendes zu sagen: „Wird er nicht, der ist bei meinem Vater im Fußball-Club." „Na dann!", gab sich Lukas geschlagen. „Ja, aber echt Mann, mach dir bloß keinen Kopf. Du bist einfach viel zu ängstlich!"

Er machte eine nun verblüffend geschmeidige Handbewegung, wie ein berühmter Zauberer, der auf einer Bühne irgendeinen Trick vor-führte. Das schien seine neuste Masche zu sein. „Im Zuge meiner Recherchen konnte ich nämlich sogar das hier rausfinden...." Jetzt holte Kai sein Handy hervor. „Was denn?" „Na das!" zischte er energisch und hielt dabei das Display vor sich und Lukas. „Wir haben hier drin sogar ein Netz – also: keine Panik!" Zack.

Wrummmm. Die Tür schloss sich mit einem lauten Ruck. Nun war es stockfinster. „Hab mich geirrt, wir haben doch kein Netz mehr", flüsterte Kai noch, dann hörte man außer dem Brummen des Motors nichts mehr. Lukas konnte nur noch an Apfelkäfer denken, die sich nun von überall her versammeln würden um...

„Hör zu, Kai" unterbrach Lukas seine eigenen Gedanken, „ich muss dir nämlich wirklich ganz dringend die Geschichte von Prokyon, dem Schmetterling, Pittchen, dem Waller und Oskar dem Aal erzählen". Etwas Besseres fiel ihm augenblicklich nicht ein, um Kai abzulenken. Aber es war von Mia, also…„Okay?" „Na klar, sicher Mann, jetzt leg schon endlich los!" flüsterte Kai etwas heiser zurück. Und so begann Lukas.

Prokyon, der Schmetterling

Die Geschichte der sieben ungleichen Freunde mochte er selbst am liebsten.

Das waren Pittchen, der stille Waller, der die Gedanken aller anderen lesen konnte.

Das war eine Fähigkeit, die in beide Richtungen eingesetzt werden konnte: Zum Guten und aber auch zum Bösen.

Vielleicht war Pittchen deshalb immer so nachdenklich und still, denn immerhin trägt einer, der die Gedanken anderer lesen kann, eine außerordentlich große Verantwortung, –

selbst wenn er im Wasser lebt, wo alles ein bisschen weniger schwer wiegt als auf dem Land. Sein einziger Freund, falls bei Pittchen überhaupt die Rede von so etwas sein konnte, war „The Fish", ein recht ängstlicher Hecht, der immer mit dem Strom schwamm, und dem es gelang alles in Gold zu verwandeln, was er mit seiner Schwanzflosse berührte. Doch das hielt immer nur kurz an, so wie aller Reichtum der Menschen vergänglich ist. Kaum war er weitergeschwommen wurde aus dem Gold dann auch wieder das, was es zuvor gewesen war: Seetang, Algen, Luftblasen oder kleine Steinchen.

Und so blieb allein der Versuch zu Ruhm zu gelangen für „The Fish" ein gänzlich sinnloses Unterfangen, was im Grunde nicht weiter ins Gewicht gefallen wäre, wenn nicht Joe, der Feuersalamander, es sehr genießen würde auf die schnöde Vergänglichkeit der wundersamen Verwandlungen des Fischs hinzuweisen.

Lediglich Pittchen vermochte ihn in solchen Augenblicken zu trösten, denn er war es, der die wahren und eher unrühmlichen Gedanken des Feuersalamanders kannte, und der für seinen Freund die Ausnahme machte sie ihm zu verraten.

Pittchen bewirkte damit, dass der Fisch fortan ruhig und von Joe gänzlich unbeeindruckt blieb, während seine Schwanzflosse nach wie vor alles zu strahlendem Gold verwandelte, was er berührte.

Jetzt, da er von Pittchen wusste warum der Feuersalamander so war wie er war, konnte er nichts anderes als Mitleid für ihn empfinden.

Wenigstens gab ihm das seinen Seelenfrieden zurück. Und die Freude an dem vergänglichen Glitzern, das dennoch so schön und prickelnd war.

Dieser großmäulige Feuersalamander Joe, der es über alles liebte den Ton anzugeben, war der eindeutig Verschlagenste und der größte Draufgänger der gesamten Gruppe, auch wenn man ihm das nicht gleich ansah.

Joe lebte von der Unsicherheit der Anderen. Mit seinem beeindruckenden Äußeren und seiner listigen Art fiel es ihm nicht schwer andere von seiner generellen Überlegenheit zu überzeugen. Vor gar nichts schien er sich zu fürchten und auf niemanden hörte er. Es war nicht leicht mit ihm auszukommen.

Pittchen allein, und nun eben auch „The Fish" wussten, dass es mit dieser vermeintlichen Überlegenheit nicht weit her war.

Denn wer wirklich stark ist hat es nicht nötig Witze über andere zu machen.

Doch den anderen gelang es nicht so gut den Salamander zu durchschauen.

Vor allem Rooney, ein Krebs, der ständig Ärger zu verursachen schien, ließ sich von Joe leicht beeindrucken.

Jedes Mal wenn sein Weg den Weg des Feuersalamanders gekreuzt hatte, war er komplett auf Krawall gebürstet.

Nur Paula, der ausgesprochen sensiblen Gelbbauchunke, gelang es in solchen Augenblicken gelegentlich Rooney zu beruhigen.

Paula schaffte es zumeist die richtigen Worte zu finden.

Verlassen konnte man sich allerdings nicht darauf, so dass sie sich ab und an aus dem Staub machte, wenn es ihr zu bunt wurde, und wenn sich ihre Nerven bemerkbar machten.

Sie war, in der Tat, sehr sanft und sensibel, man durfte ihr eben nicht mit allem kommen. Dafür erfasste sie aber auch jede Schwingung und hörte sogar das Seegras wachsen.

Sie fand ja, dass Rooney am Meer am besten aufgehoben wäre, weil er dort auch seine Kräfte besser nutzen konnte als hier am Fluß. Irgendwie schien er sich hier nie so richtig wohl zu fühlen in seiner panzerigen Haut.

Rooney war stark. Mit seiner Zange konnte er eindeutig was bewirken, wenn Gefahr drohte.

Nur war er manchmal leider kaum noch unter Kontrolle zu bringen.

Es gab nur Paula, die Gelbbauchunke, die das gelegentlich ändern konnte.

Paula verbrachte sehr viel Zeit mit Pittchen.

Ab und zu schüttete sie ihm ihr Herz aus, denn er schien sie einfach so gut zu verstehen wie kein anderer.

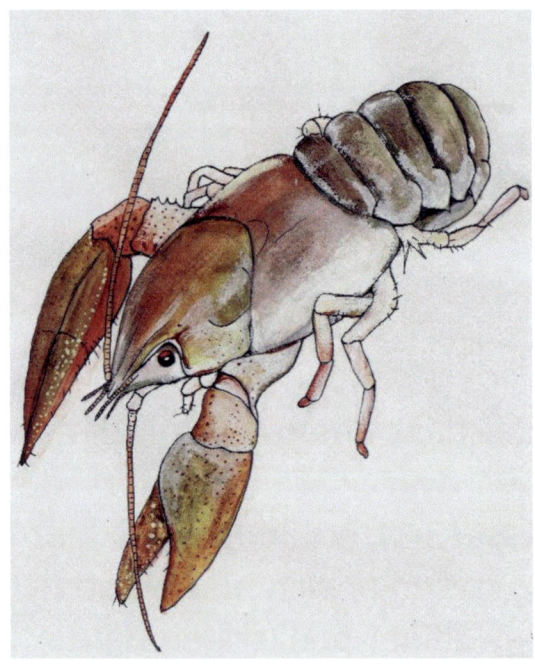

Das haben Gedankenleser so an sich – doch davon wusste sie nichts.

Wärst du gerne ein Gedankenleser? Ja / Nein?
Warum bzw. warum nicht?

--☺

Wie könnte dir die Fähigkeit des Gedanken-
lesens nutzen?

---☺

Vermutlich hätte sie es noch nicht einmal wissen wollen, wenn sie gekonnt hätte, denn Paula ging davon aus, dass man glücklicher war, wenn man nicht alles wusste. Und nicht nur das. Sie war sogar fest davon überzeugt, dass man umso glücklicher war je weniger man über-haupt wusste.

Vielleicht war sie eine besonders kluge Kröte, möglicherweise aber auch nicht. Doch darauf kam es Paula nicht an – im Gegensatz zu Oskar. Oskar legte nämlich besonders großen Wert auf die famose und durchaus seltene Tatsache, dass er ein ausgesprochen intelligenter, sehr gebildeter Aal war. Von ihm stammte die Idee mit der Königsgrotte, wenngleich diese dreist-verwegene Überlegung von ihm zunächst eher theoretischer Natur war.

Ab und an besah er sich eine leere Muschel um in die Zukunft zu sehen, und davon abgesehen hatte er noch zahlreiche weitere imposante Eigenheiten auf Lager. Oskar vergaß auch niemals alle möglichst oft darauf hinzuweisen, was seine Wirkung selbstverständlich nicht verfehlte. Das Lag in der Natur der Sache.

Da Oskar nämlich alles überaus gründlich durchdachte, fehlte ihm oft der entscheidende Impuls, der vom Gedanken hin zur Tat hätte führen können.

Pittchen wusste das. Auch war ihm klar, dass „The Fish", der mit Abstand Ängstlichste unter ihnen, ebenfalls nicht den Mut hätte zu der Grotte zu schwimmen.

Das Vorhaben wäre somit schon gleich zu Beginn gescheitert - wären da nicht Paula und Joe gewesen.

Joe, der mit seiner typischen enthusiastischen Großmäuligkeit alle mit sich riss, und Paula, der es eigen war jedem Mut und Hoffnung zu-

zusprechen, so wie dies Gelbbauchunken nun einmal tun. Oskar, der trotz seines großen Verstandes nicht gänzlich unempfänglich für die Macht mitreißender Emotionen war, entschloss sich nach der glühenden Rede von Joe und Paula, die Expedition zur Grotte nun tatsächlich durchzuführen. Er wollte nun sofort und auf der Stelle mit den anderen dorthin reisen, um den grünen Smaragd schnellstmöglich zu erbeuten.

Die Zeit drängte, denn der kranke Prokyon, der besondere Schmetterling mit den buntesten Farben, welcher Oskars allerbester Freund war, wurde von Stunde zu Stunde schwächer.

In der Königsgrotte befanden sich vielerlei Schätze, doch der grüne Smaragd war der größte Schatz von allen. Er war nämlich in der Lage sämtliche Krankheiten zu heilen.

Die gierigen Wesen, welche in den Königsgrotten lebten, wussten hiervon jedoch nichts. Für sie war er ein Stein wie jeder andere auch.

Nur rein materieller Wert war für sie von Bedeutung. Oskar jedoch, der seinem Freund, dem geschwächten Schmetterling Prokyon unbedingt helfen wollte, brauchte hierfür genau diesen Stein.

Sein Ur-Urgroßvater, Ottokar der Siebzehnte, hatte dieses geheime Wissen weitergegeben, und niemand aus der Familie der Aale hat es je vergessen können.

Natürlich erscheint es auf den ersten Blick sehr ungewöhnlich, dass ein Aal ausgerechnet einem Schmetterling helfen möchte, denn normalerweise haben sie nicht gerade viel miteinander zu tun.

Doch bei Oskar und Prokyon war das ebenso. Es hatte sich einfach ergeben, und niemand konnte mehr sagen wann.

Prokyon, die sich an einem Drahtzaun verletzt und sich am Fluss ausgeruht hatte in der Hoffnung, dass es ihr bald wieder besser gehen würde, wurde einfach nicht wieder gesund. Die Farbe seiner Flügel spiegelte sich damals so wunderbar im Wasser, dass selbst Oskar für einen Moment geglaubt hatte, niemals etwas Schöneres erblickt zu haben. Das durfte nicht sterben. Prokyon durfte nicht sterben.

Und so hatte Oskar den Plan mit der Königsgrotte weiter entwickelt und durchdacht. Es war alles gut geplant, und es war kein Zufall, dass er gerade jene ausgewählt hatte, die er dann zum Mitreisen überreden wollte.

Die Königsgrotte, die ja seit Jahren von den gierigen Wesen bewacht wurde, war nicht leicht zu betreten und schon gar nicht leicht zu verlassen. Ganz im Gegenteil.

Keinen Namen gab es für die gierigen Wesen, da niemand sie bisher bei Tageslicht gesehen hatte. Doch allgemein bekannt war ihre Gier.

Daher setzte der Aal auf „The Fish", der mit seiner Schwanzflosse alles in Gold verwandeln konnte. Zwar hielt das nur kurz vor, doch diese Zeit, da war sich Oskar (nach einer aufschlussreichen Unterredung mit Pittchen) sicher, reichte sicherlich aus, um die gierigen Wesen vom versteckt gelegenen Eingang der Königsgrotte abzulenken, so dass sie alle ganz ungehindert und direkt würden hineinschwimmen können. Sie lag nämlich, das war ihr Vorteil, zur Hälfte im Wasser.

Wie Oskar es mit Pittchens Hilfe vorausgesagt hatte, erfüllte es sich. Die gierigen Wesen, die durch das glitzernde, falsche Gold angelockt worden waren, achteten nicht mehr auf den Eingang, so dass es den ungleichen Freunden gelang gemeinsam in die Grotte zu kommen.
Pittchen, mit der Sicherheit eines Hellsehers, steuerte direkt auf den Smaragd zu. Allerdings war dieser gut befestigt, so dass es schon mindestens jemanden wie Rooney brauchte, um den Stein aus der Verankerung zu lösen.
Selbst dies gelang nur, weil Oskar sich eines klugen Tricks bedient hatte, welcher dem

Prinzip eines Flaschenzugs nicht unähnlich war, so dass Rooneys Kraft sogar noch ein wenig verstärkt werden konnte. Doch nicht einmal dies – für sich alleine genommen – hätte ausgereicht, wenn nicht Paula und Joe die jeweils richtigen, ermutigenden und an-feuernden Worte gefunden hätten.

Allein wäre das keinem jemals gelungen. Jeder einzelne für sich, und eben auch alle zu-sammen, waren für das Gelingen ihres Vor-habens wichtig. Mit all ihren Stärken und Schwächen. In dem Moment, als das ihnen selbst mit einem Mal klar wurde, löste sich der Stein aus der schweren Verankerung.

Wie auf einem goldenen Teppich, der alles ein wenig heller machte, schwammen sie hernach allesamt triumphierend mit dem heilenden Smaragd dicht hinter „The Fish" her, aus der Grotte heraus. Im Sonnenlicht glitzerte alles, das Kontakt mit der magischen Schwanzflosse des „Fishs" hatte, noch sehr viel heller, so dass es ihnen erneut gelang die gierigen Wesen zu täuschen. Noch nie waren sie sich so einig gewesen wie an diesem Tag.

Die Kraft ihrer Freundschaft und Einheit wirkte über den Smaragd hinweg auf Prokyon ein.

Um es kurz zu machen: Die Geschichte endete mit einer erfreulichen Nachricht für Prokyon, den Schmetterling. Er wurde geradezu atemberaubend schnell von seiner schweren Krankheit geheilt. Nebenher konnten auch noch ein halbes Dutzend gefangener Meerjungfrauen befreit werden. Damit hatte zwar eigentlich ursprünglich niemand gerechnet, und doch war es passiert. Manchmal ziehen gute Dinge eben noch weitere gute Dinge nach sich.

Mehr wollte Lukas nicht dazu sagen. Es war ihm ein wenig peinlich, weil er sich selbst, seit seiner Krankheit, irgendwie für den Schmetterling hielt, und sich mit ihm identifizierte, was Kai vermutlich nicht gerade cool gefunden hätte. Vor allem, weil der auch noch *Prokyon* hieß. Der Name bezeichnete gleichzeitig zwar auch einen der allerhellsten, schönsten Sterne im Universum, aber er war sich nicht so ganz sicher, ob die Kombination von Meerjungfrau, Stern und Schmetterling nicht vielleicht doch Kais Spott hervorgerufen hätte. Selbst wenn Kai wohl gerade andere Sorgen hatte und ohnehin vermutlich nicht in der Stimmung gewesen wäre sich über Lukas lustig zu machen.

Man musste ihn ja aber deswegen trotzdem nicht unnötig in Versuchung führen.

Lukas wollte aber immerhin noch ausführen was im Anschluss aus den anderen wurde. Vor allem was denn eigentlich aus Rooney wurde, wollte Kai unbedingt noch wissen. Doch Lukas kam ohnehin nicht mehr dazu das zu erzählen. Sie wurden einfach immer müder und müder. Dabei wäre die Geschichte auch für Rooney gut ausgegangen. Soviel stand jedenfalls fest.

Nur war es schwer so lange gegen den Schlaf anzukommen, der sich immer stärker und schwerer auf sie legte.

Irgendwann kämpften sie beide nicht mehr gegen den sie langsam überwältigenden Schlaf an. Immer weiter fuhr der Wagen, der die holländische Grenze bereits passiert hatte. Lukas dachte noch an Mia. Auch das trug dazu bei, dass er sich nun viel wohler und sicherer fühlte als noch vor ein paar Stunden.

Das wiegende, friedlich-monotone Brummen des Wagens begleitete sie bis in ihre Träume.
Kai schlief wie ein Stein, doch Lukas träumte heftig und wild von den unterschiedlichsten, schrillsten, buntesten und merkwürdigsten Bewohnern am, unter und über dem Wasser. Aber das war nach dieser Geschichte ja auch wirklich kein Wunder. Findet ihr nicht auch?

Wie ging die Geschichte, deiner Meinung nach, für Rooney aus?

---☺

Welche der Figuren magst du am liebsten und warum?

--☺

Welche Figur magst du gar nicht und warum?

--☺

Wieviel würdest du für die Rettung eines guten Freundes riskieren?

--☺

Was macht einen guten Freund für dich aus?

--☺

Was sind deine Stärken?

---☺

Was mögen deine Freunde am meisten an dir?

--☺--

--☺

Können Stärken auch manchmal Schwächen sein – und anders herum? Was meinst du?

--☺

Der Tag am Strand

Sie erwachten von der plötzlichen Ruhe. Das Motorgeräusch war mit einem Mal verstummt, und ein frischer Wind blies Kai und Lukas aus ihrem Versteck. Diesmal war es weitaus schwieriger den richtigen Augenblick zum *„Aus-Checken"*– so wie es Kai lässig nannte – zu erwischen.

Sie konnten diesmal nicht warten bis der Fahrer ganz fertig mit dem Ausladen war. Soviel stand jedenfalls fest. Vielmehr mussten sie es mehr Oder weniger auf gut Glück versuchen. „Hey ihr Gören, was macht ihr auf meinem Wagen? "

Schrie ihnen der Fahrer noch hinterher, als er sie vor der Ablade-Rampe sah. Allerdings musste er wohl davon ausgehen, dass sie gemeine Apfeldiebe oder so etwas in der Richtung waren.

Holländische Vagabunden bestenfalls.

„Gören", wiederholte Kai verächtlich und spuckte voller Abscheu auf den Boden.

Auf die Idee, dass sie als blinde Passagiere unterwegs gewesen waren, kam der Fahrer offenbar nicht. Wütend wirkte er trotzdem, obwohl es nicht einmal mehr regnete, sondern sich die freundliche Morgensonne zart auf alles gelegt hatte.

Lukas fand sogar, dass das die allerschönsten Sonnenstrahlen waren, die er jemals gesehen hatte. Kai pflichtete ihm bei.

„Die Sonne in Holland ist eben ganz anders. ", behauptete er. Lukas hingegen glaubte, dass das eher mit dem Kontrast zusammenhing, den sie jetzt bildete – nach dieser dunklen Nacht hinter den Apfelkisten. Allerdings war es ihm viel zu umständlich das zu erklären.

„Wir haben wieder Netz! " Triumphierend hielt Kai sein Handy in die Höhe.

„Ich ruf mal meine Oma an", sagte Lukas nur und entriss Kai das Telefon.

Ihm war schon klar, dass das jetzt ziemlich uncool rüberkam, aber zumindest das war ihm jetzt völlig egal. „Hallo Oma, JA, gut, JA---

das Zelten macht echt Spaß....und, wie geht es dir? "Hörte sich Lukas sagen. Als er auflegte, hatte Kai bereits den Proviant ausgepackt. „Hier! " Kauend reichte er ihm ein Salamibrot rüber. Lukas bemerkte nun, dass er einen riesigen Hunger hatte. Im Lastwagen war es nicht der richtige Ort gewesen um etwas zu Essen. Am Ende hätte der Fahrer vielleicht noch etwas gerochen – auch wenn es insgesamt eher unwahrscheinlich war, aber trotzdem. Zwar hatte Kai mit Nachdruck behauptet, dass Raucher ohnehin keinen Geruchssinn besäßen, aber darauf wollte sich Lukas nicht verlassen. Wenn er nun doch plötzlich mitten in seinen Apfelkisten den gänzlich unpassenden Geruch von Salami-broten wahrgenommen hätte, so wäre doch sicherlich sein Misstrauen geweckt worden. „Meinst du wir kommen dann so einfach wieder zurück nach Deutschland, wenn sein Transporter riecht wie eine Pizza-*Salami*? Glaubst du das echt? "Das hatte Kai dann schließlich eingesehen, und deshalb war das Frühstück erst jetzt fällig. „Verdrück aber nicht alles auf einmal! ", riet ihm Kai. „Das muss noch eine ganze Weile vorhalten. "Lukas stöhnte. Er musste daran denken, dass ihm noch ein recht gepfefferter Fußmarsch bevorstand, bis zum Haus seiner Mutter. „Komm, so schlimm wird es nicht", tröstete ihn Kai, der seine Gedanken in dem Augenblick offenbar lesen konnte. „Der Weg geht die ganze Zeit am Meer entlang! ".Eigentlich war es ja die See, aber Lukas wollte da mal nicht so kleinlich sein. Es sah nämlich wirklich aus wie ein Meer, und die salzige Luft hinterließ überall ihre Spuren, während die Sonne immer stärker und wärmer wurde. Lukas stellte sich vor wie es Luna, dem Käuzchen, hier wohl gefallen würde. Sicherlich ganz gut, wie er sie ein-schätzte. Kai holte jetzt auch die Getränke heraus, und plötzlich begann sich Lukas so rundum wohl zu fühlen. Kai wurde allerdings ziemlich nervös. Das hing mit seiner Mutter Heidi zusammen, und ist nochmal eine Geschichte für sich. Ich blättere die Seiten daher an dieser Stelle ein paar Seiten vor, zu der Stelle, an der Heidi beschließt die beiden persönlich bei sich zu Hause abzuliefern. „Aber vorher möchte ich noch einen Tag am Strand mit euch verbringen", sagte Heidi mit einer Stimme, die keinen Widerspruch duldete. „Wenn ihr jetzt schon mal in Holland seid, dann ist es ganz unmöglich einfach wieder abzureisen ohne am Strand gewesen zu sein. Morgen fahren wir dafür schon vor Sonnenaufgang los." „ Sie wird wissen was sie tut", vermutete Kai achselzuckend und Lukas schloss sich seiner Meinung an. So ein Tag am Strand könnte ziemlich spannend werden oder zumindest eine Erholung nach der Nacht im Lastwagen. Was sie nicht wussten war, dass Heidi daraus eine Art Unterrichtsstunde machen wollte, schlimmer noch: Einen Unterrichtstag. Klar, sie hatte nach ihrem Weggang nach Holland wohl nicht mehr viel mit Kindern zu tun gehabt. Aber trotzdem hätte sie sich ja wohl denken können, dass auf so etwas niemand Wert legte, der gerade endlich Sommerferien hatte und dazu auch noch gleich an einem Strand gelandet war. Kai stöhnte: „Können wir denn nicht einfach schwimmen und danach Fischstäbchen und Pommes essen gehen?". Heidi schüttelte den Kopf. Sie hatte offenbar gänzlich andere Pläne. „ Jetzt passt mal auf, ich zeige euch wie man das macht." Sie wirkte ziemlich begeistert, und Lukas bemühte sich darum so zu tun, als sei er es auch. Viel lieber hätte er allerdings die Möwen beobachtet oder wäre sofort zu den Seehundbänken gewandert. Andererseits waren sie hier Gäste, und daher wollte er wenigstens so tun als fände er es spannend, was Heidi sich da für sie ausgedacht hatte. „Zuerst grabt eure Hände so tief in den Sand wie es nur geht!" Da Widerstand zwecklos schien, streckten sowohl Lukas als auch Kai die Hände hinein, um ihre „eigene Kraft" zu spüren, wie Heidi das nannte. Nacheinander gruben sie die Finger, die Zehen und Beine in den Sand. „Ihr müsst alle Muskeln anspannen!" Kai verzog das Gesicht, doch Heidi ging nicht darauf ein. Im Gegenteil. „Gut Kai, genauso", lobte sie ihn. Das Gesicht auch anspannen. Und jetzt lockerlassen. Kai verdrehte die Augen. Lukas jedoch bemerkte, dass diese Übung von Heidi gar nicht mal so schlecht war. „Anspannen und wieder entspannen!" Heidi war total konzentriert bei der Sache. „Lass uns abhauen", zischte Kai. „Ich hab´ einen Fluchtplan ausgearbeitet. Alles hier drin!" Er tippte sich an den Kopf. Lukas grinste. Kai und seine Pläne. „Echt jetzt?" Kai nickte, doch Lukas sah ihm an, dass er diesmal nur bluffte. Natürlich hatte er keinen Plan. Sie hätten die Reise nach Holland nicht auf sich genommen, wenn es nicht Kais sehnlichster Wunsch gewesen wäre bei seiner Mutter zu sein. Die Tatsache, dass sie ihn an diesem Tag offenbar etwas nervte, konnte daran auch nichts ändern. Eltern nervten eben manchmal. Irgendwie gehörte das dazu, und Kai kam an diesem Vormittag am Strand zu genau dem gleichen Ergebnis wie Lukas. Doch, und auch das muss unbedingt erwähnt werden: Schon lange hatten sie sich nicht mehr so entspannt gefühlt. „Seht ihr", triumphierte Heidi, „und ihr habt gedacht von mir könntet ihr nichts lernen, stimmt doch, oder?" Kai und Lukas drucksten herum. „Nachher könnt ihr mir dafür erzählen was euer persönlicher Trick ist, wenn ihr euch entspannen wollt. Aber erst gehen wir was essen!" „Pommes?" fragte Kai zaghaft und einigermaßen hoffnungsvoll. „Fischpfanne mit Gemüse", antwortete Heidi entrüstet und dann ergänzte sie immerhin: „Kann aber sein, dass es Pommes als Beilage gibt". Um es kurz zu machen: An diesem Tag kamen sie alle auf ihre Kosten. Heidi mit den Entspannungsübungen, Kai mit seinen heiß geliebten Pommes und zum Schluss noch Lukas, denn noch vor der Flut besuchten sie die Seehundbänke. Lukas fand, dass dieser Tag am Strand eindeutig in seine Sammlung gehörte. Das mit der Sammlung hatte Mia ihm beigebracht. Damals war die Sammlung sogar schriftlich von ihr festgehalten worden. Sie machte nämlich keine halben Sachen. Es sollte eine Sammlung gegen alles sein, was ihnen beiden Angst machte. Etwas, das man anwenden konnte, wenn die Nacht zu dunkel, der der Tag zu lang war, so wie damals im

Krankenhaus. Manchmal zumindest. „Du musst alles aufschreiben, was du kannst und geschafft hast". So hatte Mia ihm die Sache mit der Liste damals eröffnet. „Für jeden Gedanken, der dich nicht schlafen lässt, musst du sein Gegenteil suchen – und außerdem…" Lukas hatte sofort gewusst was kommen würde. Es war etwas, dass Mia besonders am Herzen lag: Das *Jetzt*. Das klang zunächst ein wenig komisch, das JETZT und das JETZT und das JETZT. Doch weil es von Mia kam, hatte Lukas es ausprobiert und festgestellt, dass es funktionierte. Wenn man nur an das „JETZT" dachte, dann hatten bestimmte Gedanken keine Chance mehr. Im „JETZT" fühlte es sich meistens recht sicher an, auch wenn es nicht immer leicht war dorthin zu gelangen. Es gab aber Tricks, wie zum Beispiel Geräusche aus der Umgebung, auf die man sich konzentrieren konnte oder etwas, das man in der Hand hielt. Besonders gut eignete sich Kierans Feder, die Lukas immer bei sich trug. Aber das war sicher keine Überraschung. Kai wusste ebenfalls von dieser Sammlung. Er hatte sogar selbst etwas dort hinzugefügt: Armdrücken, rennen, und tief Luft holen. Alles das hatten sie schon zusammen ausprobiert. Und es gab keinen Zweifel: Den Platz auf der Liste hatten sie alle drei verdient.

Was stünde auf deiner Liste?

--☺

Ob Kai nun, nach diesem Tag am Strand, auch der Meinung wäre, dass der Tag mit Heidi einen Platz in der Sammlung verdient hätte? Er war allerdings gerade nicht zu sprechen. Vielmehr war er damit beschäftigt den Wellen auszuweichen, wobei er sich ihnen gleichzeitig, soweit es möglich war, näherte. Klar, dass er dabei komplett nass wurde. Aber jemanden wie Kai störte das nicht. Ganz im Gegenteil. „Wegen der Sammlung frag´ ich ihn lieber später", beschloss Lukas und legte sich auf den Rücken, mitten in den Sand. Er schloss die Augen und dachte an Kieran. Für einen Augenblick. Vielleicht war es nur wegen der Sonne, die ganz kurz noch einmal hinter den Wolken aufgetaucht war- Es ihm so vor als könnte er ebenfalls fliegen. Wie wäre es einfach nachhause zu fliegen! Klar, den Weg zurück würden sie mit Heidis Auto machen, doch fliegen, daran gab es nichts zu rütteln, wäre auch nicht schlecht gewesen. Als er die Augen wieder öffnete, sah er die Vögel am Himmel, einen ganzen Schwarm. Heidi, die ein Stück entfernt neben ihm saß, bemerkte:

„Manchmal stelle ich mir vor sie würden meine Sorgen wegtragen." Sie versuchte es lustig klingen zu lassen, doch Lukas spürte, dass sie sich das wirklich ernsthaft wünschte. „Ja, das wäre etwas!", antwortete er, und insgeheim setzte er auch das auf die Liste seiner Sammlung: Vögel, die die Sorgen einfach wegtrugen. Das hatte schon etwas! Es war fast so gut wie das, was Mia ihm gezeigt hatte. Immer nämlich, wenn ein Wind aufkam, musste er nun automatisch an sie denken und daran, dass sie für immer Freunde sein würden. Mia hatte ihm gezeigt wie man das verknüpft. Man konnte das mit allem Möglichen tun. Bei Mia war es vor allem der Wind. „Komm jetzt", begann Heidi zu drängen. „Lasst uns nachhause gehen." Sie blickte etwas besorgt zu den Wolken hinauf, die sich nun schnell bewegten. „Es wird gleich ziemlich windig werden!" Sie hatte es nun recht eilig. Lukas fand, dass das ja nun wirklich nicht schlimm wäre mit dem Wind, ganz im Gegenteil. Auf dem Weg zu Heidis Haus dachte er nämlich die ganze Zeit an Mia.

Die Geschichte von Luna in den Ferien kam ihm in den Sinn. Sie passte so gut hierher. So als hätte Mia so eine Ahnung gehabt. Jedenfalls war auch Luna am Wasser gelandet. Und an Gerda dachte er ebenfalls... „Komisch", dachte er sich noch. „Woran man so alles denkt!" Aber er konnte es nicht ändern.

Liste von Lukas, Mia und Kai:

--☺-

---☺

Mias Geschichte:

Gerdas Traum

Gerda, die eine erfahrene Eule war, und der es mit Leichtigkeit gelang sich mit Absicht in die Träume anderer zu verirren (den Trick hatte sie einst von einem Fuchs gelernt, mit dem sie den Sternenhimmel genau studiert hatte), konnte, darüber hinaus, noch etwas ganz Anderes. Als Formwandlerin gelang es ihr sich in einen einfachen Gegenstand zu verwandeln, so dass sie auf diese Weise herausfinden konnte, was die Menschen oder Tiere um sie herum am meisten bedrückte. Nicht nur im Wald, auch in der Stadt wurde sie ihrer Funktion als Ehrenträgerin der goldenen Feder am Bande gerecht. Mit dieser Feder war sie bereits vor langer Zeit ausgezeichnet worden. Die Eule Gerda handelte niemals aus schlichter Neugier, wenngleich ihre übermütige Tochter Luna manchmal noch von Neugier beherrscht wurde. Prinzipiell hatte Gerda auch nichts dagegen einzuwenden, doch wusste sie genau, dass ihre Arbeit zu wichtig war, um sie als ein Spiel aufzufassen.

Sie erinnerte sich an die vielen Male, in denen sie Lukas, Lukas´ Mutter oder Mia im Traum besucht und ihnen in ihren schlimmsten Zeiten geholfen hatte. Als Mia sogar im Schlaf noch weinte, war Gerda bei ihr geblieben. Bei Kai war es nicht anders gewesen oder bei Anton, dessen Vater zuweilen auf offener Straße zusammenbrach, weil er zu betrunken war, um noch rechtzeitig nachhause in sein Bett zu kommen, oder der, selbst wenn er einmal nüchtern war, plötzlich nur noch vollkommen wirre, unzusammenhängende und sinnlose Worte von sich gab und zu seiner langen Alkoholsucht noch etwas hinzukam, das „Schizophrenie" genannt wurde. Etwas, das Gerda schwer verstand. Sie selbst besuchte so viele Menschen in ihren Träumen, und niemandem war das bewusst aufgefallen. Doch bei Antons Vater war das gänzlich anders gewesen. Selbstverständlich hatte Gerda auch ihm unbemerkt helfen wollen, doch unbemerkt war sie nicht geblieben. So als hätte Antons Vater zusätzliche Antennen für das, was vorging, schrie er sie, an sie solle verschwinden.

Er hatte Angst vor ihr gehabt. Etwas, das Gerda erst recht nicht verstehen konnte. Und so war sie ihm natürlich zukünftig fern geblieben. Sie hatte jedoch zumindest Anton bei der Angst seinen Vater zu verlieren ein wenig geholfen, ebenso Lukas´ Mutter, die nach dem Unfall in kein Auto mehr gestiegen war. Zwar hatte sie Antons Vater nicht vor sich selbst oder den Stimmen. die er hörte oder den Dingen, die er sah, retten können, doch hatte sie Anton die geradezu unbezahlbare Bekanntschaft mit Agathe geschenkt. Etwas, das durchaus nicht zu verachten war – zu keiner Zeit. Auch bei Regina, dem Mädchen, das nicht mehr gewusst hatte was es tat, nachdem es Kais Hasen gestohlen hatte, war es Gerda gewesen, die helfend eingriff. Sie hatte auch ihn begleitet, den Hasen, den, außer ihr, niemand mehr gesehen hatte, nachdem er für immer im Wald verschwunden war. Sie hatte ihn sogar mit Fuchs bekannt gemacht, Mias roter Katze, die kaum jemanden um sich herum ertragen konnte. Daher war sie in den Wald geflohen. Fuchs fühlte sich von anderen bedrängt. Etwas, das für die meisten sehr schwer zu verstehen war. Der Hase, selbst von Natur aus ein wenig scheu, wurde für Fuchs so etwas wie ein ferner Freund. Ein wenig Sicherheitsabstand brauchten sie beide. Das war nun einmal so bei den beiden. Und jeder von ihnen kam damit zurecht.

Kannst du dir das gut vorstellen? Wenn ja: Warum?

---☺

Und nicht nur Fuchs und der Hase. Auch Mia lernte Fuchs loszulassen, selbst wenn es ihr zunächst sehr schwergefallen war.

Doch nächtliche Besuche durch Gerda, die Eule, konnten echte Wunder vollbringen. Mia, das Mädchen, das nicht gut lesen konnte und dabei so tat als würden ihr Bücher nichts bedeuten, hatte sie ermuntert der Welt ihre eigenen Geschichten zu erzählen. Niemand außer Mia konnte das so gut, und es gab mehr als einen, der dies bezeugen konnte. Sie dachte an die Lehrerin, Frau Kirchberger, die eine solche Angst vor Kindern hatte, dass sie nicht mehr unterrichten konnte. Auch Frau Kirchberger hatte Agathe getroffen. Gerda war auch hier ganz wesentlich beteiligt. Obgleich sie also immer nur Gutes tat, wusste sie, dass niemand davon erfahren durfte. Die Tiere nicht, und die Menschen erst recht nicht.

Obgleich sie es schlimm fand, dass niemand Antons Vater glaubte, als er von ihr erzählte, so erleichtert war sie auch darüber, da ihr Geheimnis so gesichert blieb.

Antons Vater erzählte auch andere Dinge. Einiges davon konnte noch nicht einmal Gerda glauben, und war sie doch eine so alte, erfahrene und weitgereiste Eule. Vielleicht war das der Grund, warum sie einsah, dass es für sie zu schwer war diese Krankheit zu begreifen. Das, soviel war ihr vollkommen klar, würde man wohl ausschließlich den menschlichen Ärzten überlassen müssen. Zeit also, sich ausnahmsweise zurückzuziehen, so gerne sie ihm auch geholfen hätte. Um seiner selbst willen, aber auch wegen Anton. Doch es war leider ein sinnloses Unterfangen – und zudem gefährlich. Gerda wusste, dass man sie verfolgt hätte, wenn das bekannt geworden wäre. Egal ob man sie gejagt oder verehrt hätte: In jedem Fall wäre sie nicht mehr zu ihren wichtigen Einsätzen gekommen, in denen sie denjenigen, die es am nötigsten hatten, ein wenig helfen konnte. Sie belohnte Luna, die gerade neben ihr saß, und die, obwohl sie noch so jung war, dieses Geheimnis so gut bewahrt hatte, indem sie sie mit ihrem Schnabel ein wenig am Kopf zauste und streichelte. Luna gefiel das sehr. Sie legte das Köpfchen schief und, wäre sie eine Katze gewesen, da bin ich mir sicher, hätte sie laut geschnurrt. Gerda erinnerte sich an den wunderbaren Traum, den sie von ihrer kleinen Tochter Luna geträumt hatte. Ihr Herz war ganz erfüllt vor Stolz. Doch, wie meistens, behielt sie auch das für sich. Während sie Luna mit ihrem Schnabel vorsichtig streichelte, erinnerte sie sich an ihre ersten Versuche sich in fremde Träume zu verirren. Dazu hatte sie sich auf den Boden legen und konzentriert die Sterne betrachten müssen. Eine enorm anstrengende Haltung war das gewesen, und einmal hätte sie sich beinahe den Kopf dabei verrenkt.

Doch wenn sie jetzt so an ihre Fähigkeiten und an den wundervollen Traum dachte, den sie von Luna geträumt hatte, wusste sie, dass sich auch so etwas durchaus lohnte, wenn man sich das Ziel vor Augen hielt. Wieder dachte sie an all die Tiere und Menschen, vor allem an die Kinder, an Mia, Lukas und Kai.

Sie dachte an die Freunde, welche Lukas während seiner Jahre im Wald getroffen hatte.

An Simon, den Waldarbeiter, an Kieran und Krakan, an Stachel, den Igel.

Natürlich auch an Luna, ihre eigene Tochter. An Kai dachte sie, daran wie sehr er seine Katze liebte, und wie gut er sich um Räuber, den Hund, gekümmert hatte.

Gerade fühlte sich mit all denen, denen sie bereits einmal geholfen hatte, irgendwie verwandt. Und sie war äußerst stolz, wenn einer ihrer Schützlinge etwas tat, das ihr persönlich ganz besonders gefiel. So war Gerda eben. Sie konnte nicht anders. Und Kai, der Junge, der von seiner Mutter verlassen worden war, und der sich danach für eine Weile noch nicht einmal mehr fünf Minuten am Stück auf etwas konzentrieren konnte, der wüste Schlägereien angezettelt und Menschen belogen hatte wo er nur konnte. Dieser Kai nun war zu einem Freund geworden wie an sich keinen besseren vorstellen konnte. Natürlich war Gerda stolz darauf, sehr sogar. Das stand jedenfalls fest. Doch wer glaubt, dass Mias Geschichte hiermit beendet sei, der irrt sich. Sie war nun nämlich erst so richtig in Fahrt gekommen. Die Geschichte ging weiter.

Diesmal handelte sie von Geheimnissen – und von Luna.

Lunas Geheimnis

Luna, das Eulenkind, war weder leicht einzufangen, noch würde es jemals willentlich ein Geheimnis verraten. Eulen, das war im Wald wirklich jedem bestens bekannt, schätzen Geschwätzigkeit nicht.

Und so hätte man von Luna unter normalen Umständen sicherlich nichts über die Eule Gerda, ihre Mutter, erfahren. Es könnte sein, dass Luna sich nur deshalb ein wenig verplappert hatte, weil sie gerade in den Badeferien war, und sie sich, wie so ziemlich jeder, der sich gerade in den Ferien befindet, in einer ganz besonders redseligen und aufge- schlossenen Stimmung befand, so dass es dem Vogel Krykon offenbar gelungen war ihr ein Geheimnis zu entlocken. Dieses hing mit dem Antiquitäten-Laden in der Stadt zusammen, in dessen Schaufenster eine kunstvoll geschnitzte Eule stand, die, so hatte es die Besitzerin versichert, von geradezu unschätzbarem Wert war. Diese Figur war von einem Mysterium umgeben. So verschwand sie an manchen Tagen gleich für viele Stunden aus dem Schaufenster – häufiger sogar noch in den Nächten. Das Gerücht wonach diese Eule eine äußert seltene Formwandlerin sei, welche problemlos in der Lage war sich in eine echte Eule und zurück zu verwandeln, hielt sich hartnäckig, und war durch nichts zu entkräften.

Man hatte sich auch im Wald, wohin all die Gerüchte vorgedrungen waren, oft gefragt, ob es denn Gerda sein konnte, da Gerda der geschnitzten Eule am allermeisten ähnelte.

Selbstverständlich waren derlei Fragen immer gänzlich unbeantwortet geblieben – bis zu dem Zeitpunkt, an dem Luna, der Krykon diese Frage gestellt hatte, mit einer Gegenfrage konterte.

Krykon war so hartnäckig gewesen, dass er sie sogar bis ans Wasser verfolgt hatte, um sie mit Fragen zu löchern.

Jetzt endlich fiel Luna ein, wie sie ihn loswerden konnte. *„Hast du sie denn jemals zur gleichen Zeit gesehen, die Eule aus Holz und Gerda?"* Dann schwieg sie wieder. Krykon war sehr zufrieden und Luna auch. Nun, da sie den wirklich lästigen Vogel mit seinen vielen Fragen abgeschüttelt hatte, konnte sie endlich baden gehen und die Ferien genießen. Ihrer Meinung nach nämlich hatte sie keineswegs zuviel verraten. Sie plantschte vollkommen zufrieden im Wasser so vor sich hin.

Was meinst du? Hat Luna zuviel verraten?

---☺

Was hätte sie noch sagen können?

---☺

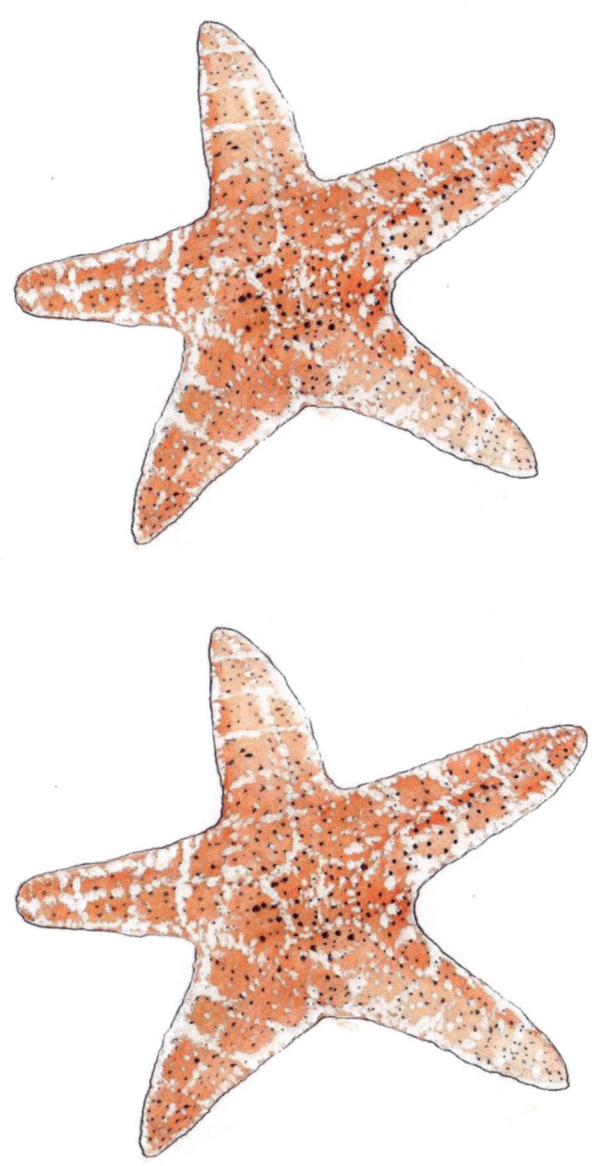

Als Lukas und Kai wieder zuhause, und Kai endlich wieder in seinem geliebten Wald war, vermisste er Luna. Die kleine Eule, die er so ins Herz geschlossen hatte, war wie vom Erdboden verschluckt. Er suchte überall nach ihr, doch weder Gerda, ihre Mutter, noch sonst jemand aus dem Wald konnte ihm darüber etwas sagen. Es war ja auch leider nicht so, dass sich Lukas in der Sprache der Tiere verständigen konnte. Gewünscht hätte er es sich allerdings schon. Vor allem jetzt, da es um Luna ging. Es blieb ihm nichts anderes übrig als das zu tun was er immer tat, und so saß er in den Abendstunden am Fenster und sah den Flügen der Eule Gerda nach. Nichts konnte ihn mehr beruhigen. Doch half es nicht, Luna aus seinen Gedanken zu vertreiben. Zum Glück fiel ihm noch rechtzeitig ein, dass er versuchen könnte sie in ihren Träumen zu besuchen. Lukas beherrschte nämlich die seltene Gabe, sich in den Träumen anderer zu verirren. Er war nicht der Einzige im Wald der das konnte, wenngleich auch der einzige Mensch, der zu so etwas in der Lage war. Und so fand er Luna ganz einfach über ihre Träume. Sie war am Wasser, so wie er und Kai noch vor wenigen Stunden. Krykon, ein ehemals zahmer, zitronengelber Vogel war ihr offenbar gefolgt, denn auch er erschien in Lukas´ und Lunas Traum. Dann träumte er von Gerda. Sie flog zugleich durch seine Träume und um sein Fenster herum. Nun schob sich Luna wieder in den Vordergrund. Lukas sah sie ganz deutlich vor sich mit ihrem kleinen zarten Flaum, den frechen Augen und dem spitzen Schnabel. „Komm zurück Luna, komm doch bitte zurück", rief er ihr leise zu. „Ich vermisse dich!" Als er am nächsten Morgen aufwachte, hörte er ihre kleinen Beinchen auf der Veranda trippeln. Sofort lief er nach unten, um nach ihr zu schauen. Von Krykon war nichts zu sehen. Doch das war, wie Lukas fand, auch besser so. Der Vogel war ihm nicht ganz geheuer. Auch von Gerda fehlte jede Spur. Er blickte Luna fragend an bevor ihm einfiel, dass Gerda sicher schlief, da Eulen ja ohnehin nur in den Nächten flogen. Zumindest war er sehr fest davon überzeugt. Doch Luna, auch wenn sie nichts verriet, wusste es natürlich besser.

Könnte Gerda auch dir helfen? Falls ja: Wie?

--☺

Kai und der Smaragd der Königsgrotte

Als Kai einen glatten, kühlen Gegenstand in seiner linken Hosentasche spürte, konnte er sich schon beinahe denken, dass das nur eine von Lukas´ Ideen sein konnte. Es fühlte sich wie ein Stein an. Kai zog ihn aus seiner Tasche und betrachtete ihn genau. Tatsächlich. Es war ein Halb-Edelstein, ein Smaragd. Vermutlich wollte Lukas ihm den berühmten Smaragd mit den heilenden Kräften aus der geheimen Königsgrotte schenken. Ob er wohl dachte, dass Kai den Stein für den Original-Smaragd aus der Geschichte von Mia halten würde?

Nach kurzer Überlegung fand er, dass es darauf überhaupt nicht ankam. Es war einfach der Gedanke, der zählte. Der Stein in seiner Hand fühlte sich gut an. So glatt und kühl. Er hatte etwas sehr Beruhigendes an sich. Heidi, seine Mutter, verkaufte genau solche Steine an Touristen in Holland. Er fand es also ziemlich naheliegend, dass sie Lukas, während der gemeinsamen Ferien in ihrem Camper, diesen Stein gegeben hatte, damit Lukas ihn an ihn weitergeben würde. Heidi war ihm gegenüber noch immer von einer Art schlechten Gewissens geplagt, allen Versuchen zum Trotz, mit denen sie ihm in vielen Stunden erklärt hatte, warum sie ihn und seinen Vater damals verlassen hatte, als sie, sozusagen über Nacht, nach Holland verschwunden war. Auch die dunkle Zeit, in der sie nicht mehr hatte leben wollen, lag noch immer wie ein Schatten zwischen ihr und Kai.

Zwar fiel es ihm mittlerweile etwas leichter zu verstehen, dass sie unter einer sehr starken seelischen Krankheit litt. Trotzdem konnte ein Teil von hm nicht vergessen wie furchtbar die Zeit nach ihrem Weggehen gewesen war.

Er dachte an das Krankenhaus, in das ihn sein Vater ein, zwei Mal die Woche gefahren hatte, damit sich dort ein Mann mit ihm unterhielt, der immerzu wissen wollte wie es ihm ging. Dabei wusste er es doch selbst nicht. Zu dieser Zeit war alles nur noch verschwommen, und nichts ergab mehr einen Sinn. Es gab nichts und einfach niemanden, an dem er sich damals hatte festhalten können. Seinem Vater ging es offenbar nicht besser als ihm, und wäre seine Katze nicht gewesen, die er nachts zu sich ins Bett schleuste, damit sie sich mit all ihrer schweren Wärme auf seine Füße legte, dann wäre er wohl an der Kälte gestorben, die in ihm war. Es hatte Tage gegeben, an denen ihm ununterbrochen kalt war. Und dann wieder war ihm so heiß, dass er so viel Wasser trank, bis er heftiges Bauchweh bekam, nur um sich zumindest von innen heraus etwas abzukühlen. Nun, als er den kühlen, glatten Stein in seiner Hand hielt, musste er wieder daran denken. Für einen Moment überlegte er sich, ob er den Stein nicht am besten wegschleudern sollte, ganz weit von sich weg, vielleicht in den Fluss. Doch eine innere Stimme hielt ihn davon ab. Eine innere Stimme, ein Erpel, den er nicht verletzen wollte, und der Stein selbst, der sich, das musste Kai zugeben, wirklich sehr gut in seiner Hand anfühlte.

„Ja", entschied Kai, es musste der Stein aus der Königsgrotte sein.

Der Stein, der dem kranken Schmetterling geholfen hatte. Etwas wirklich Gutes ging von ihm aus. Klar, den Schmerz konnte er ihm natürlich auch nicht nehmen. Der würde bleiben, daran war nichts zu ändern. Aber neben diesem Schmerz gab es jetzt auch etwas Anderes. Ihm war klar, dass Steine nicht sprechen konnten, und trotzdem hätte er genau in diesem Moment schwören können, dass der Stein etwas gesagt hatte. Ohne Worte, sozusagen. Das tat gut. Kai schloss die Hand fest um ihn.

Was könnte der Stein gesagt haben?

--☺

Wie würdest du einen Freund unterstützen?

---☺

Welchen Wunsch würdest du einem Glücks-raben nennen?

---☺

Kai und die alte Katze

Lukas erinnerte sich noch genau an das Treffen mit Kai, das schließlich ihre Freundschaft nach sich gezogen hatte. Der Katze war es damals nicht gut gegangen, und Lukas hatte ihr helfen können.

Doch genau wie Räuber war auch die Katze mittlerweile sehr alt. Ihr Blick wirkte trüb, so als könne sie nicht mehr gut sehen. Das Fell war struppig und fiel an manchen Stellen aus. Obwohl sie noch sehr viel fraß, wurde sie immer dünner. Der Tierarzt, zu dem Kai mit ihr gegangen war, hatte versucht Kai auf das baldige Ende seiner Katze vorzubereiten. „Sie hatte ein sehr langes, schönes Katzenleben", versicherte er ihm. Kai wusste zwar, dass der Arzt Recht hatte, dennoch war das kein Trost für ihn. Die Katze war immer für ihn dagewesen. Als seine Mutter fortgegangen war, und auch sonst, als das ganze Leben sich gegen ihn verschworen zu haben schien, war die Katze immer in seiner Nähe gewesen und hatte die Bruchstücke der Welt einfach so wieder ein ganz kleines Stückchen zusammengeschnurrt.

Sich vorzustellen, dass sie bald nicht mehr bei ihm sein würde, fiel ihm unendlich schwer. Er konnte sich an keine Zeit erinnern, in der die Katze nicht dagewesen wäre. Schon lange vor seiner Geburt hatte sie dort im Haus und vor dem Haus gelebt. Der Tierarzt meinte, er würde sie noch nicht einschläfern, da sie sich offenbar – trotz der Alterserscheinungen – noch recht gut fühlen würde. Wenn es soweit sei, so meinte er noch, würde Kai das merken. Dann könnte er immer noch vorbeikommen. Die Katze wirkte nun manchmal etwas ratlos. Zweimal fiel sie in den Schacht vor dem Haus, und oft kam es Kai so vor, als versuchte sie sich vergebens an etwas zu erinnern. Nur wenn Kai ihren Kopf streichelte, war sie vollkommen zufrieden.

Am Tag des großen Fußballspiels, an dem er sonst nie fehlte, erschien ihm die Katze mit einem Mal besonders ratlos zu sein. Er brachte es nicht übers Herz sie allein zu lassen.

So saßen er, Räuber und die Katze draußen vor dem Haus in der Sonne, und er streichelte ihren klein gewordenen Kopf mit der weißen Blässe zwischen den Augen.

Räuber hatte sich zusammengerollt und schlief. Kai bereute es kein bisschen, dass er nicht zum Fußball gegangen war.

Und dann kam ausgerechnet Reginas Vater, der Schnösel, den niemand wirklich leiden konnte, am Haus vorbeigejoggt. Er hielt kurz an, dehnte seine braungebrannten Beine, sah zu Kai hin und meinte spöttisch: „Eine alte Katze ist dir wichtiger als Fußball. Was für eine Memme bist du denn?". Dann joggte er wieder weiter. Kai ärgerte sich nicht mal über ihn. Kein Wunder, dass dieser Mensch nichts von Dingen verstand, die nichts ausschließlich mit ihm selbst zu tun hatten. Jeder in der Gegend wusste, dass bei dem Typen zuhause stets alles auf Hochglanz poliert war. Seine Tochter Regina war sogar ausgezogen, aufs Land zu ihrer Tante, so tot war das alles bei Regina zuhause. Nicht einmal Pflanzen wollten dort leben.

Mia hatte es ihm erzählt. Sogar die Küchen-kräuter dort ließen nach nur einem Tag ihre Köpfe hängen. Seine Katze war gestorben weil sie sogar im Winter draußen schlafen musste, nur damit die Wohnung nicht schmutzig wurde. Nacht für Nacht hatte Regina sie schreien gehört, dufte sie aber nicht mit ins Haus holen. Und eines Morgens war die Katze dann tot. Steifgefroren, mit leicht geöffnetem Mund lag sie stumm auf der Seite. Warum er diese Katze überhaupt gehabt hatte, wusste niemand.

Vielleicht war das so etwas wie mit dem Klavier. Er besaß nämlich ein Klavier, nur weil es zu den Möbeln passte. Möglicherweise war das bei der Katze am Anfang auch so gewesen. Spielen konnte er keinen einzigen Ton. Dieser protzige, dumme Typ. Was wusste er also schon.

Klar, offenbar fand er Kai lächerlich, doch Kai fand ihn mindestens ebenso lächerlich, wie er da durch den Wald gockelte und sich etwas auf seine Sportlichkeit einbildete. „Du warst auch mal echt sportlich, Räuber". Liebevoll kraulte er den Hund hinter den Ohren.

Räuber sah kurz zu ihm hoch, als wollte er das bestätigen, und schlief dann in der Sonne weiter. Die Katze schnurrte laut und Kai wusste, dass er genau in diesem Moment nirgendwo anders sein wollte. Nur hier.

Kannst du Kai verstehen?

--☺

Hättest du auch so gehandelt wie er?

--☺

Mia und Matruschka

Mia hatte, das konnte man wirklich so sagen, Erfahrungen mit Katzen. Nicht zum ersten Mal war ihr eines der kleinen oder großen Fellbündel zugelaufen. Nur Fuchs, die rote Katze, die wieder in den Wald gelaufen war, um dort zu leben, hatte die Freiheit Mias Gesellschaft vorgezogen. Getröstet hatte sie sich mit Maxime, der alten Katze von Kai, die sich auch von Mia gerne streicheln ließ. Doch gerade so als sollte es so sein, bekam Mia kurz darauf noch Katzenzuwachs bei sich zu Hause. Es war kein kleines, niedliches Kätzchen. Ganz im Gegenteil. Es war eine kugelrunde, steinalte Katze mit großen, grauen Augen. Mia fand, dass diese Katze einer dieser russischen Holzfiguren ähnlich sah, welche man ineinander stecken konnte.

Also nannte sie die Katze: „Matruschka". Matruschka war keine Streunerin. Sie hatte zuvor bei einer anderen Familie gelebt, doch war sie ihrer überdrüssig geworden – oder vielleicht war es auch anders herum gewesen.

Die Familie besaß nun ein schickes kleines Rassehündchen, welches sich ganz possierlich bewegen und famose Tricks vorführen konnte. Es hatte ein mit Strass-Steinen bedecktes, zierliches Halsband um und begrüßte jeden schwanzwedelnd, bellend und mit anhaltender Begeisterung.

Matruschka bemerkte bald, dass man immer häufiger vergaß ihr Futternäpfchen zu füllen oder das Katzenklo zu säubern. An einigen Herbsttagen war sie sogar draußen vergessen worden, und das, obwohl sie eine Hauskatze war, und obendrein nicht mehr die Jüngste.

Matruschka, schon etwas lahm in den Hüften, hatte sich daher auf den Weg gemacht um für den letzten Abschnitt ihres Katzen-Lebens nach jemandem zu suchen der es noch gut mit ihr meinte. Und so war sie recht bald, besonders verwunderlich ist das freilich nicht, auf Mia gestoßen.

Lange war sie nicht mehr bei Mia, denn wie ihr wisst war sie schon alt. Sehr alt sogar. Doch jeder Tag zählt, finde ich. Auch jeder Tag im Leben einer alten Katze.

Offenbar hatte das Matruschka ebenso empfunden, sonst hätte sie die wenigen ihr verbleibenden Wochen ja ebenso gut bei der mittlerweile lieblos gewordenen Familie zubringen können. Doch war sie offenbar davon überzeugt, dass es nichts Köstlicheres geben konnte als von Mia hinter den Ohren gekrault, und nachts in eine Decke gewickelt zu werden, am nächsten Morgen mit frischen Futter und dazu gleich noch vielen weiteren Streicheleinheiten geweckt zu werden.

Und obgleich Mia und Matruschka nicht mehr viel Zeit miteinander verbringen konnten, so war doch eben diese Zeit für beide etwas ganz und gar Besonderes. Mia dachte sich, wie könnte es auch anders sein, für Matruschka eine Geschichte aus.

Doch dies ist die einzige Geschichte, die sie niemandem erzählt – außer Matruschka, wenn sie an deren kleinem Grab, hinter dem Garten steht. Manche Dinge, vielleicht wenige, doch manche, die muss man vielleicht ganz für sich behalten.

Zählt jeder Tag auch für dich?

---☺

Gibt es auch solche Dinge, die du lieber für dich behalten möchtest?

---☺

Was hätte Verda wohl zu dem allen hier gesagt?

---☺-

Claudia J. Schulze (Text) ist freie Autorin und Bibliotherapeutin. Studium der Psychologie, Philosophie Pädagogik und Literaturwissenschaften. Weiterbildung in Trauerbegleitung.

Sie arbeitet in eigener Praxis psychotherapeutisch mit Kindern, Jugendlichen und Erwachsenen, und entwickelt interdisziplinäre therapeutische Materialien.

Bereits in ihrer Diplomarbeit, später dann auch während ihrer Promotion, befasste sie sich mit der Frage, inwiefern Literatur sich auf therapeutische Prozesse positiv auswirkt.

Kontakt: CJ.Schulze@gmx.de Praxis Dr. Claudia J. Schulze, Grünberger Str. 8, 78052 VS-Villingen

Anke Hartmann (Illustrationen) ist Künstlerin, Illustratorin, Kinderbuchautorin und Geschäftsführerin einer Leipziger Grafik-Werkstatt und des Raumkind-Verlages. Ihre ausdrucksstarken und liebevoll gestalteten Bilder erfreuen sich großer Beliebtheit. Anke Hartmann ist Autorin des Buches: „Die letzte Reise" (Raumkind Verlag)

Lektorat: Matthias Ziebarth, Frankfurt am Main
Design: Carpe Momentum, Marco Gässler, Donaueschingen

NACHWORT

Die Geschichten von Lukas hab ich damals zuerst als rein (psycho-) therapeutische Geschichte für Kinder geschrieben, die ähnliche Erfahrungen gemacht hatten wie "Lukas", (der natürlich eine Zusammenfassung vieler Kinder ist). Viele dieser Kinder waren bei mir in Behandlung. Häufig arbeiteten wir mit Geschichten. Wenn es keine passende Geschichte gab, dachte ich mir eine Geschichte aus, die sich besonders an die aktuelle Lebenssituation des jeweiligen Kindes richtete. Im therapeutischen Gespräch kamen wir dann über den Umweg von Lukas auf die Sorgen und Probleme dieser Kinder zu sprechen. Häufig gab es schon in jungen Jahren gravierende Probleme wie eigene schwere körperliche Erkrankungen, seelische oder körperliche Erkrankungen eines Elternteils, den Verlust eines Geschwisterkindes oder Elternteils etc. Das mit dem Wald ist so etwas wie ein Gegengewicht; eigentlich heutzutage kaum noch real. Ich habe es als besonders intakt und „heil" hervorgehoben, dadurch kommt es manchmal möglicherweise etwas „weltfremd", gar naiv herüber, aber je stärker die Probleme waren, umso größer habe ich dann auch die entsprechende Gegenkraft (Ressource) gemacht.

Ich konnte zunächst überhaupt nicht (vorher-) sagen wie das bei unbelasteten Kindern ankommt, da es ja von vornherein komplett als therapeutische Geschichte konzipiert war. Aber vom Hospiz hab ich damals sofort ein Feedback bekommen. Den Kindern dort hat es sehr gefallen. Ich glaube wenn man krank ist, und es einem schlecht geht, dann mag man möglicherweise andere Sachen hören und lesen als wenn man gesund ist. Natürlich nicht verallgemeinerbar, aber so von der Tendenz her könnte ich es mir so denken, basierend auf meinen Erfahrungen in der eigenen Praxis. Das Alter der Kinder kommt natürlich hinzu. Deswegen ist es insgesamt eher ruhiger und von den Formulierungen her darauf abgestimmt. Mittlerweile haben mir nun auch eher unbelastete Kinder (und auch Erwachsene) gesagt, dass sie Lukas und seine Geschichten bis zum letzten Band gespannt verfolgt haben. Das freut mich natürlich sehr. Hinweis: „Ruby Blue" ist eine „leichtere" Version der nachfolgend aufgelisteten Bücher.

Hinweis: In der therapeutischen Arbeit kann auch mit „Glücksbuttons" gearbeitet werden. Diese können zu äußeren – und inneren Begleiter der Kinder werden. Sie haben die Möglichkeit das Motiv zu wählen, mit dem sie sich am meisten identifizieren/ welches ihnen am besten gefällt.

Diese können über mich bezogen werden, oder aber direkt bei der Künstlerin Anke Hartmann in Leipzig. Auf diesen Buttons finden sich Gerda, Luna, Mia, Kieran und weitere Motive aus den Erzählungen um Lukas, Mia und Kai.

Glücksbuttons von Anke Hartmann

Glückskästchen Hinweis: In der therapeutischen Arbeit kann auch mit „Postern", mit „Glücksbuttons" oder „Glücksschächtelchen" gearbeitet werden. Diese können zu äußeren – und inneren Begleiter der Kinder werden. Postkarten oder Poster sind auch möglich.

Das Hörbuch ist über meine Mail-Adresse
zu bestellen.
CJ.Schulze@gmx.de

Demnächst erscheint das Buch „Nachtflüge" auf Französisch („Vols de nuit"), auf Italienisch (Voli notturni) und, in gekürzter Version, auf Englisch unter dem Titel: „Tanner and the hedgehog". Weitere Übersetzungen sind in Planung. Hiermit sollen auch die Kinder mit anderer Muttersprache berücksichtigt werden. Herzlichen Dank auch an Jan Mahn und Werner Wilkening (Berlin). Veröffentlicht ist die Version von Werner Wilkening. Die Version von Jahn Mahn geht direkt an caritative Einrichtungen. **Spenden und Spenden aus dem Erlös gehen an die Kindernachsorgeklinik in Tannheim, an das Palliativzentrum Villingen-Schwenningen und an das Kinderhospiz „Sterntaler "in Mannheim. Sie können zusätzlich gerne unabhängig davon spenden wenn Sie mögen. Jede Hilfe ist willkommen.**

Nachtflüge

Geschichten zwischen den Welten

Claudia J. Schulze /
Anke Hartmann

LUKAS-REIHE Band 1

Rabenfedern
bringen Glück

Claudia J. Schulze / Anke Hartmann

LUKAS-REIHE Band 2

Nebelträume

Claudia J. Schulze, Anke Hartmann

LUKAS-REIHE Band 3

Korax und das Geheimnis der Kürbisse

Claudia J. Schulze / Anke Hartmann

LUKAS-REIHE Band 4

ZAUBERBÜCHER

FRAGENKATALOG ZU: NACHTFLÜGE, RABENFEDERN BRINGEN GLÜCK, NEBELTRÄUME, KORAX UND DAS GEHEIMNIS DER KÜRBISSE, BRUNOS REISEN, CINDERELLAS SCHWESTER, RUBY BLUE ETC.

Claudia J. Schulze / Anke Hartmann

MORGENSTERNE

BIBLIOTHERAPIE FÜR KINDER

Claudia J. Schulze / Anke Hartmann

LUKAS-REIHE AUSZÜGE

ENTSPANNUNGSHEFT

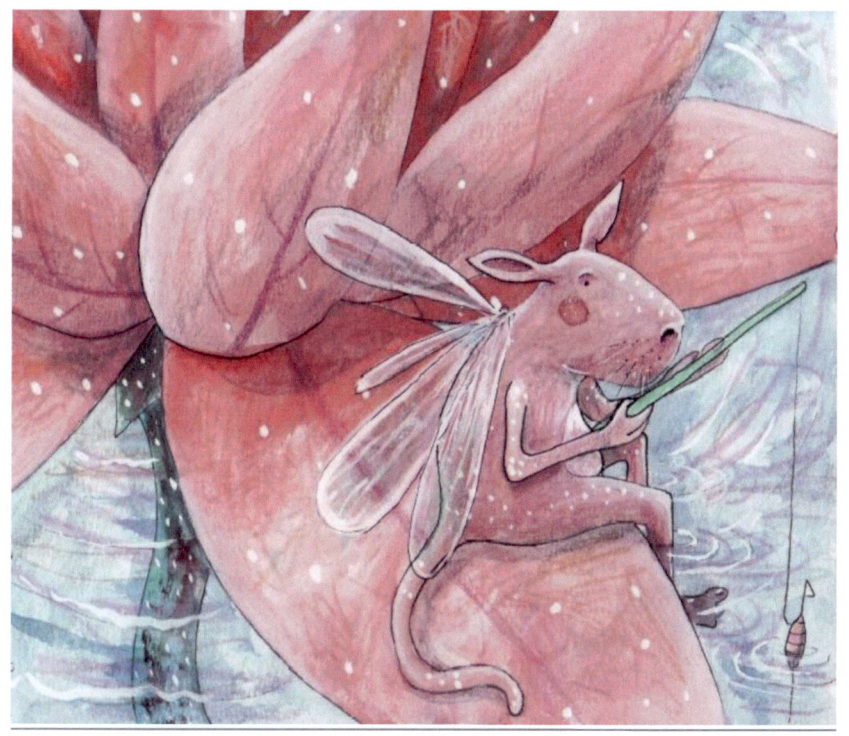

ENTSPANNEN MIT LILLY

Claudia J. Schulze

Cinderellas Schwester

oder

Der Schuh ist zu klein

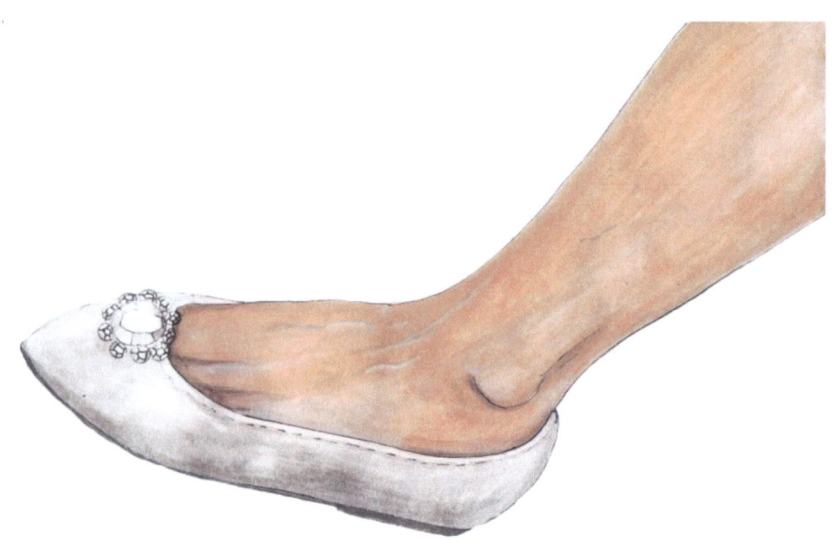

Märchen 5.0

Claudia J. Schulze/
Anke Hartmann

Verwaiste Kinder-
Verwaiste Eltern

Therapie-Tools

Claudia J. Schulze

Leah Löwenherz

Ein Trauerbuch für Kinder

Claudia J. Schulze

Ruby Blue

Leseproben mit Bonus-Geschichte

Claudia J. Schulze /
Anke Hartmann

Kindheit ist kein Kinderspiel

INTERPRETATION ZUR LUKAS-REIHE

Claudia J. Schulze / Anke Hartmann

124